AF266879

ÉCHO

DE

L'ASSEMBLÉE NATIONALE.

LYON. — Imp. DUMOULIN et RONET, rue St-Côme, 6.

ÉCHO

DE

L'ASSEMBLÉE NATIONALE,

ÉTUDE

DES RÉFORMES POLITIQUES ET SOCIALES,

DES LOIS ET DES DIVERS TRAVAUX DE L'ASSEMBLÉE CONSTITUANTE,

Par André PEZZANI,

Avocat à la Cour d'appel de Lyon,
Auteur de divers ouvrages de philosophie et de législation.

EN VENTE :

A Lyon, chez Joseph AMARGUIN, Editeur, seul dépositaire,
Rue Juiverie, 22, au 3ᵐᵉ.

1848.

AVIS.

Au moment où l'Assemblée nationale issue du suffrage universel travaille à fonder une nouvelle organisation de la société, le devoir de tous les penseurs est d'intervenir dans la discussion des réformes, d'apporter leur pierre à l'édifice, et d'éclairer ceux de leurs concitoyens qui sont étrangers aux études politiques et sociales dont il faut qu'ils s'occupent néanmoins pour exercer leur souveraineté.

Le travail que nous offrons au public se composera :

1° d'une introduction esquissant clairement et en peu de mots les théories des socialistes modernes, renfermant des projets de constitution, de lois, de décrets sur lesquels nous appelons les modifications de tous.

2° d'une analyse critique et raisonnée de la constitution qui sera élaborée par l'Assemblée, et de toutes les lois organisatrices qui en émaneront.

L'ouvrage paraîtra par livraisons dont le nombre et la fréquence dépendront des travaux de l'Assemblée constituante.

Les souscripteurs auront donc le texte exact de la constitution et des lois nouvelles avec un commentaire.

Initié depuis longtemps aux études philosophiques et législatives, à celles de tous les systèmes socialistes, l'auteur croit pouvoir faire une œuvre utile dont la clarté et la simplicité seront à la portée de tous les esprits.

Démocrate depuis qu'il pense, l'auteur voit réaliser aujourd'hui le rêve de toute sa vie, il sera donc compétent à discuter et à juger ce qu'il a toujours désiré et attendu.

INTRODUCTION.

En 1830 les esprits n'étaient pas mûrs pour la démocratie; les hommes libéraux avaient encore des illusions à l'endroit de la royauté. Ils pensaient qu'une monarchie vraiment constitutionnelle et représentative serait *la meilleure des républiques*. L'idée de *république* ne pouvait être entièrement séparée de l'idée de la *terreur*. Le progrès n'était pas tel que l'abolition de la peine capitale fût unanimement décrétée et acceptée par l'opinion. Des voix nombreuses parmi le peuple ne proférèrent-elles pas des cris de mort contre les ministres de Charles X? Voilà pour l'intérieur.

A l'extérieur rien non plus n'avait préparé un changement si radical : l'absolutisme était à nos portes, et pour que la France pût accomplir sa mission de propagande républicaine, il fallait que nos idées pénétrassent peu à peu dans les nations voisines, que l'Europe fût appelée au mouvement et assistât du moins en esprit à la fondation graduelle de la démocratie.

Le rôle de Louis-Philippe a donc été de maintenir la paix, de contenir le mouvement, d'inspirer au despotisme des rois absolus une trompeuse sécurité, et surtout dans les dernières années de sa vie, de décréditer la monarchie, de la rendre désormais impossible par le système d'égoïsme et de corruption sur lequel il avait été contraint d'établir sa domination.

Pendant ce temps, l'opposition grandissait; les idées libérales se discutaient au grand jour du parlement, se répandaient partout avec nos livres, nos journaux et nos pamphlets. L'éducation de l'Europe se faisait progressivement : du haut de sa chaire pontificale, le chef de la chrétienté, inspiré par le souffle divin, donnait lui-même le signal des réformes ; l'Italie à sa voix secouait sa trop longue servitude et marchait vers l'indépendance ; la noble patrie de Tell faisait triompher la cause de la liberté et confondait les ruses d'une misérable diplomatie. La Sicile se soulevait comme un seul homme et arrachait une constitution à son roi. En France et comme contre-partie d'un spectacle si imposant, qu'avons-nous vu dans ces derniers jours ? Un parti aveugle lié au gouvernement par le double moyen du favoritisme et de la peur, niant le mouvement et n'aspirant qu'à rétrograder, à se cramponner avec ténacité aux richesses, aux honneurs dont il avait été comblé ; des ministres coupables qui, pour conserver le pouvoir, avaient organisé un vaste système de corruption déguisé sous le nom plus modéré d'*abus des influences*, arrivé à un degré d'audace et d'impudeur assez grand pour oser en appeler à sa majorité, tout en avouant ses turpitudes et ses infamies ; à côté d'eux l'administration livrée à la vénalité, aux intrigues, à la servilité, presque jamais à la capacité et au mérite ; les fonctionnaires suspectés, honnis, diffamés, traînés aux tribunaux et aux cours d'assises ; partout l'autorité avilie et méprisée ; chaque jour, chaque heure, chaque journal apportant la révélation d'un nouveau scandale ; un roi enfin, habile et énergique tant que son rôle de compression a été nécessaire, opiniâtre et aveugle quand les événements l'ont dépassé et ont précipité sa chute. Et pourtant, malgré la haute signification de ces faits, il y a eu des hommes d'état qui ont jeté à la face de leurs adversaires l'épithète d'*aveugles* ou *d'ennemis* ; il y a eu des hommes d'état qui n'ont rien compris ni aux formidables bruits du dehors, ni aux indignations du dedans.

Nous avons entendu dire autour de nous : Si la dernière phrase de l'adresse avait été modifiée... si la veille du mouvement il y avait eu changement de ministère... si le gouvernement s'était engagé à quelque réforme... si la majorité n'avait pas été trop complaisante... si... si... eh ! qu'importe tout cela ? Savez-vous pourquoi la révolution de février s'est accomplie avec tant d'unanimité, avec un si admirable élan ? C'est parce que l'heure avait sonné, parce que le temps marqué par la Providence à l'affranchissement des peuples était enfin venu. Ignore-t-on qu'en de semblables circonstances les hommes du pouvoir vont tête baissée aux abîmes, qu'ils exécutent fatalement tout ce qui doit entraîner leur perte, et que Dieu leur envoie, comme dit le poète :

> ....cet esprit de vertige et d'erreur
> De la chute des rois funeste avant-coureur.

Quelle sûreté de coup-d'œil et de sentiment dans l'appréciation populaire ! En 93 la royauté inspire au peuple assez de terreur pour qu'il mette entre elle et lui l'abîme éternel de l'échafaud. En 1830, il accompagne le roi détrôné, il le surveille jusqu'à ce qu'il ait quitté la France. En 1848 il ne s'inquiète pas plus de Louis-Philippe que s'il n'avait jamais régné. Sublime mépris ! admirable instinct de l'avenir ! tous ont compris que la monarchie était irrévocablement condamnée et que son retour était impossible. Et maintenant, riches et grands de la terre, courbez vos fronts résignés sous l'arrêt de la Providence !

Liberté, Égalité, Fraternité ; le triple dogme a reparu sur notre drapeau, mais cette fois du moins ce ne sera plus une vaine formule. Nous devons tendre de tous nos efforts à le réaliser complètement dans nos institutions et dans nos lois.

On ne saurait le dissimuler, l'inégalité la plus monstrueuse, les abus les plus criants existaient dans l'organisation sociale. A quoi bon les rappeler encore ? à quoi bon ranimer des haines que nous voulons éteindre? raviver des plaies que nous voulons guérir? Ceux qui douteraient peuvent lire ce que nous avons écrit il y a deux ans (1).

Nous proposions alors comme premier remède, comme acheminement à une réforme plus radicale, un plan d'éducation gratuite et obligatoire pour tous. Si nos vœux avaient été écoutés et même devancés, nous n'aurions pas été saisis à l'improviste par la révolution de février, nos études sociales plus sérieuses nous auraient gardés à la fois contre les dangers des utopies et contre le faux respect des abus; nous aurions été plus mûrs pour la liberté. Le passage n'eût pas été si brusque et la crise mieux préparée se serait accomplie sans secousses, sans provoquer la terreur des uns, la fièvre violente des autres, sans fournir une carrière aussi libre aux ambitieux et aux rêveurs.

Ne nous décourageons pas néanmoins; Dieu ne nous a pas ouvert une ère nouvelle sans nous donner le pouvoir de réussir à fonder.

La révolution de février est plus sociale que politique.

La constitution politique est à peu près tracée par nos pères.

L'organisation sociale sera l'œuvre et la gloire de notre époque.

Je transcris ce que j'ai dit ailleurs (2) :

« L'antiquité avait ses esclaves, le moyen-âge ses serfs. Notre siècle a encore ses prolétaires, et de même qu'ont disparu successivement l'esclavage et le servage, de même le problème de notre époque est de supprimer le prolétariat.

---

(1) Dieu, l'homme, l'humanité et ses progrès, *pages* 207 *et suivantes, au chapitre intitulé* : Philosophie de l'histoire, avenir social de l'humanité.

(2) Essai sur l'organisation du travail.

« Qu'est-ce que le prolétaire? Voyons d'abord ce qu'é-
tait l'esclave, ce qu'était le serf. L'esclave n'était pas
une personne, c'était la chose du maître; il n'avait pas
même la libre disposition de son corps, à plus forte
raison les produits de son travail. Le serf avait son
corps; peu à peu il eut le fruit de ses labeurs, moins
toutefois la dîme et les redevances seigneuriales. Quand
le serf fut définitivement affranchi, il put jouir libre-
ment de son travail, il devint un manant, un vilain;
c'est-à-dire qu'il était encore taillable et corvéable à
merci. Le clergé et la noblesse avaient seuls le droit
d'exemption aux impôts. La révolution de 1789 abolit
ces injustes priviléges ; elle proclama, sans les réaliser,
les grands principes de liberté, d'égalité et de fraternité. Mais les obstacles qui lui furent suscités, la nécessité de fonder d'abord un ordre politique, ne lui permi-
rent pas d'agiter sérieusement, encore moins de résoudre
les problèmes que fait naître le sort des travailleurs. Le
prolétaire resta ce qu'il était, moins les charges odieuses
de la taille et de la corvée; encore faut-il dire que les
impôts sur les objets de première nécessité l'accablent
de tout leurs poids. — Le prolétaire peut donc être dé-
fini, l'homme qui jouit de son travail, mais à qui manquent les instruments de travail. Que faut-il donc re-
chercher? Les moyens de lui fournir ce qu'il n'a pas,
et dans cette expression générique, *instruments de travail*, nous comprenons à la fois tout ce qui est nécessaire à l'exercice d'une industrie : le capital, le sol, les
outils, machines, etc.

Tous les systèmes des anciens économistes peuvent se
résumer dans ce seul axiome : *Laissez faire, laissez
passer*. L'inévitable conséquence de ce principe devait
être le règne de l'individualisme, l'antagonisme des intérêts, la lutte entre les capitalistes et les chefs d'industrie, entre les maîtres et les ouvriers, entre les grandes
et les petites fortunes; et le résultat de ces guerres par-
tielles devait amener d'une part la haine et la division

entre les diverses classes de citoyens, de l'autre la baisse progressive des salaires, l'accroissement du paupérisme, l'oppression des faibles par les puissants, des pauvres par les riches ; cet état de choses donna naissance à de nouvelles écoles, qui, à la place de la libre concurrence et de l'individualisme, substituèrent les grands mots d'association et de solidarité.

Les anciens économistes avaient abouti à Ricardo et à Malthus. Ce dernier, après avoir établi que la population croissait dans une proportion géométrique tandis que les subsistances croissaient dans une proportion simplement arithmétique, ne trouva d'autres remèdes au mal que la prohibition du mariage aux classes pauvres ; après les avoir sans retour déshéritées des biens de la terre, on voulait encore les déshériter des biens du cœur et des joies de la famille. Quand un système arrive à de pareilles conséquences, il est irrévocablement condamné ; d'autres vinrent, qui enchérirent encore sur Malthus, et pour l'honneur de la France, hâtons-nous de le dire, c'est l'Angleterre qui a vu éclore ces monstrueuses doctrines ; on alla jusqu'à conseiller l'étouffement des nouveau-nés, et leur assassinat ordonné par la loi. Passons l'éponge sur ces infamies, et concluons que sur les questions qui s'élèvent aujourd'hui, nous n'avons rien à demander à ces écrivains sans miséricorde et sans cœur.

Ainsi que l'a dit Ramon de la Sagra, l'économie politique a été condamnée par la révolution de 1848 (1).

Quatre systèmes se trouvent en présence : 1° le système propriétaire ; 3° le saint-simonisme ; 3° le fouriérisme ; 4° le communisme.

Le système propriétaire tel qu'il est actuellement organisé, s'oppose à la liberté du travail.

Ainsi le propriétaire détient le sol et le capital. Le prolétaire n'a d'autre propriété que ses forces et ses

(1) C'est le titre même d'un opuscule de ce savant économiste.

moyens personnels ; or, comme l'usage de ces moyens
ne peut avoir lieu qu'avec le sol et le capital, il suit de
cet ordre de choses que la classe la plus nombreuse est
dépendante de ceux qui ont la propriété du sol et du
capital. Entre eux, point d'égalité : si l'ouvrier ne travaille pas, il a faim ; ses seules forces productives sont
paralysées. Le sol, au contraire, donne des fruits ; le
capital obtient des intérêts ; le propriétaire peut donc
attendre ; le besoin n'attend pas. Il en résulte que le travail est plus offert, le sol et le capital plus demandés,
et que par une conséquence directe, le salaire s'abaisse
souvent jusqu'à la dérision. Citons un économiste :
« Certes, dit-il, il y a concurrence entre les ouvriers
« pour avoir du travail, mais ce n'est pas une con-
« currence libre, elle est forcée. La libre concurrence
« pour les ouvriers existerait s'il y avait concurrence
« parmi les maîtres pour offrir du travail, ce qui est
« loin d'arriver (1). » Voilà comment la concurrence
des travailleurs engendre la baisse progressive des salaires, le paupérisme et toutes les misères qui souillent
notre civilisation. Quand donc les économistes ont vanté
les avantages de la libre concurrence et du travail libre,
ils ne se trompaient pas, mais il est vrai de dire qu'ils
prenaient l'ombre pour la réalité et aboutissaient aux
contradictions les plus étranges sans apercevoir la cause
de leurs éternelles méprises. Cette cause pourtant était
facile à signaler, il s'agissait uniquement d'envisager la
marche historique de l'organisation industrielle. Pendant
que régnaient l'esclavage et le servage, les propriétaires
du sol eurent l'obligation de nourrir et d'entretenir
leurs esclaves et leurs serfs ; quand disparurent ces deux
modes d'exploitation de l'homme par l'homme, le tra-
vailleur n'eut qu'un affranchissement apparent, et resta
de fait sous la dépendance du propriétaire ; il devint
maître des fruits de son labeur, mais d'un autre côté,

(1) Ramon de la Sagra.

le propriétaire fut maître des conditions du travail. Si le prolétaire a conquis sa dignité et sa personnalité, il a rencontré la misère.

En résumé, le travail et la concurrence ne sont pas libres parce que les prolétaires manquent du sol et du capital, éléments indispensables de la production.

Quand éclata la révolution de février, le peuple comprit, par un mouvement instinctif, que son sort devait changer, qu'une organisation plus conforme à la justice et à la fraternité sortirait d'un gouvernement réellement démocrate. Le temps était venu pour le socialisme de passer des théories à l'application, de la vie idéale à la pratique.

Le fouriérisme a eu peu d'influence sur les esprits; ses doctrines abstraites et scientifiques devaient se populariser plus difficilement que la théorie communiste si nette et si tranchée. D'ailleurs, le système d'association des divers intérêts que Fourier indique pour remède à la civilation subversive, est d'une réalisation compliquée, reléguée par le maître lui-même dans un trop lointain avenir.

Les systèmes socialistes se touchent par un point commun. D'après eux, c'est la libre concurrence et la propriété individuelle qui sont la cause des malheurs de l'humanité. C'est la division des hommes qui produit la misère ; l'association, la propriété générale, l'assurance mutuelle de tous par tous, la solidarité des citoyens sont les remèdes préconisés à l'envi.

Ainsi suppression de la propriété morcelée, exploitation générale, voilà le principe commun.

Ceci posé, les divergences des trois écoles éclatent dans la question de répartition des produits.

Fourier maintient le droit des propriétaires, qui retireront dans les bénéfices leur part afférente à leur apport. Le propriétaire ne perd que l'administration individuelle de ses biens, il conserve ses revenus que ce système promet de centupler Le monde industriel de

Fourier est une vaste compagnie d'actionnaires dont les uns apportent leur capital, les autres leur travail manuel ou intellectuel, d'autres, enfin, à la fois leur capital et leur travail.

Le saint-simonisme concentre la propriété aux mains de l'Etat qui distribue les produits suivant la capacité et les œuvres de chacun.

Le communisme laisse de côté la capacité et les œuvres; chacun reçoit selon ses besoins, et travaille selon ses forces.

Le tableau suivant résumera utilement le principe de chaque théorie.

Tableau des Ecoles socialistes.

PRINCIPE COMMUN.

Exploitation générale de la propriété.

FOURIERISME.

A chacun selon son capital, son talent et son travail : maintien de la propriété individuelle des revenus.

SAINT-SIMONISME.

A chacun suivant sa capacité, à chaque capacité selon ses œuvres.

COMMUNISME.

A chacun selon ses besoins, de chacun selon ses forces.

Suppression de la propriété, plus d'achat ni de vente, plus de monnaie, etc., etc.

Nos lecteurs n'ont qu'à méditer ces courtes pages, ils auront l'idée la plus exacte et la plus générale des écoles socialistes modernes.

Nous avons discuté ailleurs le fouriérisme et le saint-simonisme (1) ; la lutte sérieuse n'existe d'ailleurs qu'entre le communisme et la propriété. Nous nous bornerons ici à dire quelques mots du système de Cabet.

Disons d'abord à l'honneur de cette théorie, qu'elle ne prêche ni l'abolition de la famille, ni la communauté des femmes comme on l'a soutenu. Il serait bien temps de discuter avec calme et sang-froid, et de s'épargner le regret de calomnies, qui nuisent toujours à la cause de la vérité.

Rien dans la civilisation actuelle n'égale la chasteté conjugale, les mœurs simples et douces que Cabet attribue aux habitants de son Icarie tant vantée. Quand lord William prend un passeport chez le consul icarien, celui-ci lui dit : « Vous vous obligerez surtout à garder « un respect inviolable pour nos filles et nos femmes. « Si par hasard ces conditions ne vous conviennent « pas, n'allez pas plus loin (2). » Ce que nous reprochons à la doctrine de Cabet, ce n'est pas de vouloir démoraliser l'homme, c'est au contraire de l'exalter outre mesure et de lui attribuer un dévoûment qu'il n'a pas, une nature quasi-angélique qui malheureusement n'est pas la sienne. Pour que l'utopie communiste fût praticable, il faudrait que l'homme cessât d'être paresseux et débauché, et que tous s'aimassent comme des frères. Qu'il y ait des mondes d'un grade supérieur au nôtre où se pratique de la sorte une fraternité exemplaire, cela se peut, cela même doit exister (3), mais comme

(1) Dieu, l'homme, l'humanité et ses progrès, *chap. XIV.*
(2) Voyage en Icarie, 5me *édition, page* 6.
(3) Dans notre poème intitulé : *Falkir ou les mystères du siècle*, le héros du poème, affranchi par la mort de son corps de boue, et ne gardant que son corps spirituel, parcourt les mondes supérieurs et s'initie aux spleudeurs de la création.

Parmi leurs habitants quelle sainte allégresse !
Dans cette région, il n'est point de tristesse,
Point de bornes aux champs, point d'égoïsme aux cœurs.

A la bonne heure ! plaçons, si vous voulez, le communisme dans le ciel, mais l'établira-t-on jamais sur la terre ?

pour le moment il ne s'agit pas de planer dans les nues, qu'il convient de regarder en bas et de réaliser pour la terre, on nous permettra de dire franchement notre pensée, et de reléguer dans le pays des chimères toute théorie qui ne tiendra pas compte des tendances de l'humanité, de ses vices comme de ses vertus.

Ici bas, la propriété est pour l'homme une condition indispensable à l'exercice de sa liberté. Sous le régime communiste, nous serions logés, nourris, habillés, meublés de par la loi. Voyez-vous d'avance la représentation nationale discuter sérieusement l'introduction d'un nouveau meuble dans l'appartement des citoyens, d'une nouvelle perfection dans l'art culinaire, d'une forme nouvelle dans une robe ou dans un chapeau? Voyez-vous nos Icariens obligés de s'en passer si les représentants ne le permettent pas. Comment se procureraient-ils l'invention dont ils auraient envie? Nul ne travaille que par décret de la république. Avec quoi d'ailleurs l'obtiendront-ils? La monnaie n'existe plus; il n'y a ni achat, ni vente. Ce n'est plus pour la forme du gouvernement, pour une question de personnes ou de partis que des émeutes éclateraient, mais bien pour une question de toilette ou pour une question de sauce. Nous redouterions surtout que l'ordre ne fût souvent troublé par le sexe le plus aimable dont on n'aurait pas respecté les caprices et les fantaisies. Vous apercevez-vous, lecteurs ou lectrices, obligés d'avoir faim quand sonne la cloche du restaurant commun, car l'heure et le nombre des repas sont encore des prescriptions de la loi? En un mot, vous ne pouvez faire un pas, un acte dans Icarie qui ne soit prévu, réglé, mesuré, determiné par le législateur. Les citoyens seraient matériellement heureux; c'est possible, mais ils ne seraient pas libres. Comment le chef de l'école, le philosophe Cabet, esprit généreux et distingué, n'a-t-il pas vu qu'il organisait l'esclavage? Comment n'a-t-il pas vu qu'il rétrogradait au commencement des siècles? Le maître, le seigneur serait changé, voilà tout. L'Etat serait seul libre et souverain; nous serions tous des esclaves. On ne nous maltraiterait plus sans doute, on ne nous donnerait plus seulement ce qu'il faut à l'homme pour ı e pas mourir. nous passerions sous le niveau de l'égalite la plus parfaite; mais qu'est-ce que ce niveau? Celui de la servitude, de l'anéantissement moral. La vie de l'homme, c'est la liberté (1).

Ce n'est pas tout : la propriété individuelle est le stimulant le plus énergique du travail. Le travail est la loi de l'humanité, aucune richesse n'est produite qu'à la sueur de notre front; la crainte de la misère, le souci du lendemain, le désir du bien-être sont les aiguillons nécessaires qui nous incitent à l'accomplissement de notre loi. Dès que chacun saura son existence assurée et comptera sur un traitement égal, le mobile le plus puissant de notre énergie créatrice sera irrévocablement détruit. Il est bon sans doute de s'adresser au côté moral de l'homme et de faire un appel au dévoûment et aux sentiments généreux, mais il ne faut pas oublier que l'homme est à la fois âme et corps, et que les besoins matériels plus prédominants, plus vivement sentis dans le milieu où il se trouve plongé actuellement, sont des motifs qui ne pourraient disparaître sans danger. L'avenir des enfants, l'entretien du ménage, nous sollicitent à travailler sans relâche, et chose étrange, du jour où nous perdrions sur ce point nos inquiétudes, non-seulement nous deviendrions mous et fainéants,

(1) Imaginez sur quelque point du globe une Icarie véritable. Est-il un seul homme d'un peu d'activitè et d'un peu d'énergie qui consente à échanger les rudes labeurs de notre société actuelle, même avec ses accidents et ses incertitudes, contre les conditions d'un pareil état social ! L'existence y devient insipide et gênée; il lui manque le mouvement et la vie; rien n'y remplace le plaisir d'un choix volontaire et la satisfaction qui accompagne tout effort soutenu par l'espérance.
(*Organisation du travail*, par *Audi-Ganne*, page 21.)

mais encore nous sentirions se relâcher les liens de la famille. Nous aimons davantage nos femmes et nos enfants précisément en raison des soins qu'ils nous inspirent et des peines que nous subissons pour eux. Voilà ce qu'est l'homme, et quand nous cherchons à guérir ses maux, la première condition pour réussir est de l'accepter tel qu'il se comporte, autrement tous les systèmes, les plus séduisants et les plus généreux sur le papier, ne seront que des utopies irréalisables lorsque viendra l'heure solennelle de l'expérimentation.

Le défaut général des écoles socialistes est d'avoir fait trop bon marché de la liberté individuelle en voulant l'absorber dans la masse, et d'avoir trop oublié aussi les conditions inférieures du séjour terrestre. Nous ne nions pas la grandeur et l'élévation de quelques-uns de ces systèmes; ils sont un titre de gloire pour l'humanité; ils prouvent que dès cette vie, des aspects nous sont ouverts sur les mondes supérieurs. Cité du soleil (1), Oceana (2), Icarie (3), vous êtes de splendides Eldorado, des terres promises où parviendront peut-être nos efforts. Nous avons été plus loin encore, nous avons décrit des séjours où les habitants seraient affranchis des besoins matériels, du logement, de la nourriture, des vêtements (4). Mais de ce que notre imagination rêveuse se sera promenée dans l'idéal, aura conçu des destinées meilleures et progressives, est-ce une raison d'appliquer à la terre ce qui n'est pas fait pour elle, ce qui dépasse la limite de notre grade, ce qui n'est pas présentement dans l'ordre hiérarchique de nos initiations et de nos épreuves? A ce jeu, on risque de s'user en efforts superflus, on risque de compromettre le véritable bonheur que Dieu a mis à la portée des hommes. Aux heures de paix et de loisir, laissons-nous ber-

(1) Companella. — (2) Harrington. (3) Cabet.
(4) *Voyez dans* notre Exposé d'un nouveau système philosophique *le* Traité de la nature et de la destination des astres.

cer de douces et chères rêveries, mais, quand l'humanité souffre, quand l'ordre social est ébranlé, entrons résolument dans la vie réelle et pratique, prenons l'homme tel qu'il est avec ses instincts, ses penchants, ses mobiles, et gardons-nous soigneusement de le faire au gré de nos songes.

Selon nous, ce n'est pas en détruisant la liberté par l'abolition de la propriété individuelle, qu'on guérira le mal, c'est en diminuant progressivement le superflu dans les mains du petit nombre et en appelant le grand nombre à la possession du nécessaire et de l'utile. Ce résultat peut être atteint sans secousses, sans guerre civile, sans désordres, par un système mieux combiné d'impôts, par des caisses de crédit industriel et agricole qui fourniront aux prolétaires les instruments de travail. Loin d'abolir la propriété, nous voulons la rendre de moins en moins égoïste, de plus en plus universelle. En un mot, loin de chercher à dépouiller ceux qui sont arrivés à l'émancipation, nous désirons uniquement émanciper tous les hommes, et, pour tous sans exception, nous demandons que l'existence par le travail soit définitivement assurée. Alors seulement nous pourrons dire avec les économistes *laissez faire, laisser passer*, car le travail sera libre et affranchi de la domination du capital ; la concurrence sera légitime, elle cessera d'être oppressive pour devenir émulative, chacun aura selon son travail, mais chacun aussi aura selon ses premiers besoins. Le mobile de nos actions sera sauvé, et s'il y a encore dans une certaine mesure des riches et des pauvres, il n'y aura plus d'opulence jusqu'à l'exagération, ni de misère jusqu'à la mort. Sur ce terrain nous sommes d'accord avec Fourier, Cabet et St-Simon. Non, Dieu qui a créé tous les hommes avec un égal amour, n'a pas voulu qu'un seul possédât de quoi nourrir mille familles, tandis qu'à ses côtés des malheureux mourraient de privations et de faim. Si la Providence, pour l'exécution de ses desseins, et dans l'intérêt caché d'expiations dont l'origine nous échappe, a permis tour à tour l'esclavage, le servage, le prolétariat, il faut espérer, il faut croire que de jour en jour les peines humaines deviendront moins sévères, les épreuves moins redoutables; notre terre ne sera plus un lieu d'aussi évidente infériorité, elle s'élèvera de degrés en degrés dans l'échelle des mondes.

Nous formulerons par la suite nos idées dans nos projets sur l'impôt et sur l'organisation du travail.

Les premiers travaux de l'assemblée nationale auront pour objet la nouvelle constitution. Avant d'exprimer notre pensée, nous allons rapporter, en supprimant plusieurs articles, le travail de Lamennais. Outre diverses critiques que nous développerons, nous reprochons à ce projet d'être trop long et d'embrasser des détails qui ne doivent pas trouver place dans une loi constitutionnelle. La charte de 1814 et de 1830 ne comprenait que 70 articles. La constitution doit être le catéchisme du Français républicain: Elle ne doit poser que les principes, et c'est à des lois spéciales qu'il appartient de formuler les détails. Par exemple, une loi électorale règlera le mode et les conditions de l'élection. Une loi sur l'administration municipale et départementale, sur l'organisation judiciaire, sur le droit d'enseignement devra paraître; aussi le projet qu'à notre tour nous soumettons à nos concitoyens se bornera aux axiomes, aux principes. Quoi qu'il en soit, voici des extraits du travail publié par Lamennais :

PROJET DE CONSTITUTION

DE LA RÉPUBLIQUE FRANÇAISE.

AU NOM DE DIEU.

En présence de l'humanité, dans laquelle tous les peuples sont solidairement unis comme les membres d'un même corps.

Le PEUPLE FRANÇAIS déclare qu'il reconnaît des droits et

des devoirs antérieurs et supérieurs à toutes les lois positives et indépendant d'elle.

Ces droits et ces devoirs, directement émanés de Dieu, se résument dans le triple dogme qu'expriment ces mots sacrés :

Égalité, Liberté, Fraternité.

DE LA RÉPUBLIQUE.

Art. 1er. La France est constituée en République démocratique.

Art. 2. La République française est une et indivisible.

Art. 3. La souvraineté réside dans le peuple tout entier; elle est une, indivisible, imprescriptible et inaliénable.

Art. 4. La République est incompatible avec toutes distinctions de classes; elle ne reconnaît que des citoyens français, ous frères et égaux en droits.

DE L'ÉTAT DES CITOYENS.

Art. 8. Tout homme né et domicilié en France, âgé de 21 ans accomplis, ou né à l'étranger d'un Français et remplissant les mêmes conditions d'âge et de domicile ;

Tout étranger âgé de 21 ans accomplis qui, domicilié en France depuis cinq années,

Y vit d'un travail sédentaire,

Ou épouse une Française,

Ou *adopte un enfant,* (1)

Ou nourrit un vieillard ;

Tout étranger enfin qui sera jugé par l'assemblée nationale avoir bien mérité de l'humanité est admis à l'exercice des droits de citoyen français.

DES DROITS DES CITOYENS.

Art. 12. La loi garantit à tous les citoyens la jouissance de tous les droits imprescriptibles de l'homme, l'égalité, la liberté, la sûreté, la propriété, l'éducation.

Art. 13. Tous les citoyens sont également admissibles aux

______

(1) L'adoption n'est pas permise à un étranger d'après la jurisprudence, le droit d'adoption est inhérent à la qualité de Français.

emplois publics sans autres motifs de préférence que les vertus et le talent.

Art. 14. Chacun professe son culte avec une égale liberté.

Tous les cultes sont indépendants de l'Etat. Il n'en salarie
aucun, mais il les protége tous.

Art. 15 Tous les citoyens ont le droit de manifester leur
pensée et leurs opinions, soit par la voie de la presse soit
de tout autre manière.

Aucun écrit, soit périodique, soit autre, ne pourra être
soumis à la censure, ni au timbre, ni au cautionnement.

Art. 16. *Tout citoyen a le droit d'enseigner*, sous la surveillance de l'Etat. (1)

Art. 17. Tous les citoyens ont également le droit de s'asso-
cier et de s'assembler paisiblement et sans armes.

Art. 19. — Toutes les libertés ci-dessus ne sont limitées
que dans les choses qui porteraient atteinte à la conscience
publique et aux fondements de la société.

Elles sont aussi soumises aux lois de police.

Art. 20. — La demeure de chaque citoyen est un asile inviolable.

Aucnne visite domiciliaire ne peut être faite que dans les
cas et selon les formes déterminées par la loi.

Art. 21. — Nul ne doit être accusé, arrêté, détenu, jugé
ni puni que dans les cas déterminé par la loi et selou les formes qu'elle a prescrites.

Art. 22. — La République française assure à tous les ci-

(2) Nous voudrions que nul n'eût le droit d'enseigner qu'après avoir passé un
temps plus ou moins long, suivant l'importance de l'enseignement, dans des
écoles normales instituées par l'état. Autrement il pourrait arriver que l'enseignement fût contraire aux principes républicains, que les préjugés aristocrati-
ques et monarchiques fussent perpétués, tandis que nous désirons l'union
prompte et complète de tous les citoyens, pour un seul but, le triomphe de la
démocratie française. De même nous émettons le vœu que l'éducation publique
et gratuite soit obligatoire pour tous, sans violence et sans contrainte néanmoins.
Le meilleur moyen d'inspirer aux jeunes Français l'amour de l'égalité et de la
fraternité, c'est de les réunir tous sans distinction de fortunes et de classes, et
de leur faire contracter ensemble ces amitiés d'études qu'un cœur généreux n'ou-
blie jamais. Pour être aptes aux grades qui donnent droit aux fonctions publiques, on pourrait imposer l'obligation aux élèves d'être envoyés pendant trois
ans au moins dans les écoles communes et d'y prendre, au contact de tous leurs
frères, les habitudes d'égalité.

toyens l'exercice de leur droit au travail; aux vieillards, aux enfants, aux infirmes, des moyens d'existence, et à tous des secours dans la maladie.

Art. 23. — Nul ne peut être privé d'aucune portion de sa propriété sans son consentement, si ce n'est lorsque l'utilité publique, légalement constatée, l'exige et sous la condition d'une juste indemnité.

Art. 24. — L'Etat doit l'instruction à tous les citoyens. Elle est gratuite à tous ses degrés.

DE L'EXERCICE DE LA SOUVERAINETÉ DU PEUPLE.

Art. 39. — L'élection des représentants du peuple français a lieu par le suffrage universel direct.

DES ASSEMBLÉES ÉLECTORALES.

Art. 40. — Les assemblées électorales se composent de tous les citoyens âgés de 21 ans accomplis, résidant dans la commune depuis six mois et non judiciairement privés ou suspendus de l'exercice des droits civiques.

Art. 43. Le vote sera secret et aura lieu par scrutin de liste au chef-lieu de la commune.

Tout électeur écrira ou fera écrire son vote, soit dans l'assemblée, soit au dehors.

Chaque bulletin contiendra autant de noms qu'il y aura de représentants à élire dans le département.

DE LA REPRÉSENTATION NATIONALE.

Art. 47. La population est la seule base de la représentation nationale.

Art. 48. *Le nombre des votants doit s'élever au moins à la moitié des électeurs inscrits.*

La commune où les électeurs se présenteraient en moindre nombre perdra, pour cette fois seulement, son droit de suffrage (1).

Art. 49. La nomination se fait à la majorité relative des suffrages.

(1) Il pourrait se faire que par l'apathie et l'indifférence des uns, et par l'abstension volontaire d'une minorité, le vote ne fût pas régulier. Pourquoi établir une disposition qui serait une prime à la négligence ?

Nul ne pourra être nommé représentant du peuple *s'il ne réunit au moins le dixième des votes* (1).

Art. 50. Le dépouillement des suffrages se fera au chef-lieu de la commune et le recensement au département.

Art. 53. Si le nombre des représentants attribué à chaque département n'est pas atteint, il sera procédé à des élections supplémentaires huit jours après.

Art. 54. Tout Français, âgé de 25 ans, exerçant les droits de citoyen est éligible dans l'étendue de la République, sans condition de cens ni de domicile.

Art. 55. Aucun fonctionnaire public en exercice, excepté les membres des administrations communales et départementales, ne peut à la fois être représentant et conserver ses fonctions.

Art. 56. Chaque représentant appartient à la nation entière.

Aucun mandat impératif ne peut lui être donné.

Art. 57. Il reçoit une indemnité pécuniaire pendant la durée de la session.

Aucun représentant ne peut refuser cette indemnité.

Art. 58. En cas de non acceptation, double nomination, démission, déchéance ou mort d'un représentant, il est pourvu à son remplacement par les électeurs du département qui l'a nommé.

Art. 59. Le peuple français est convoqué tous les trois ans pour procéder à l'élection d'une nouvelle assemblée nationale, de manière qu'elle soit prête à remplacer la précédente à l'expiration de ses pouvoirs.

Art. 60. Les représentants sont rééligibles.

DE L'ASSEMBLÉE NATIONALE.

Art. 64. L'assemblée nationale vérifie les pouvoirs de ses membres et statue souverainement sur la validité des élections.

Art. 65. Elle ne peut se constituer si elle n'est composée au moins de la moitié des représentants, plus un.

(1) Nous pensons qu'il doit suffire de réunir trois mille suffrages.

Art. 66. Les représentants du peuple sont inviolables. Ils ne peuvent être recherchés, accusés ni jugés en aucun temps pour ce qu'ils auront dit, écrit ou fait dans l'exercice de leurs fonctions.

Art. 67. Ils pourront, pour faits criminels être saisis en flagrant délit, mais le mandat d'arrêt ni le mandat d'amener ne pourront être délivrés contre eux qu'avec l'autorisation de l'assemblée nationale, hors le temps de prorogation.

Art. 68. L'assemblée nationale est divisée en sections correspondant à chaque branche du service public, savoir : la section de l'intérieur, la section des relations extérieures, la section de la guerre, la section de la marine et des colonies, la section de la justice, la section de l'agriculture, de l'industrie et du commerce ; la section du travail et des travaux publics, la section des finances, la section de l'instrubtion publique et la section des secours publics, comprenant les établissements de bienfaits aux hôpitaux, hospices, etc.

TENUE DES SÉANCES DE L'ASSEMBLÉE NATIONALE.

Art. 69. — Les séances de l'assemblée nationale sont publiques et les procès verbaux de ses séances sont imprimés.

Art. 70. L'assemblée nationale pourra cependant, en toute occasion, se former en comité secret.

Cette décision sera prise à la majorité des voix, comme toutes celles de l'assemblée.

Art. 71. Elle ne peut délibérer si elle n'est composée de 400 membres au moins.

DES FONCTIONS DE L'ASSEMBLÉE NATIONALE.

Art. 77. L'assemblée nationale rend, sous le titre de *lois et décrets*, toutes les décisions, soit d'intérêt général et permanent, soit d'intérêt transitoire et local hors des attributions des administrations communales et départementales.

Art. 78. Elle statue notamment sur l'établissement et l'administration général des revenus et des dépenses ordinaires de la République. Sur les dépenses imprévues et extraordinaires. Sur la déclaration de guerre. (En ce dernier cas, la délibération est secrète et ne peut se prolonger plus de trois jours.

Sur la ratification des traités.

Sur la mise en accusation du pouvoir exécutif et des commandants en chef des armées de terre et de mer.

Sur la mise en accusation des prévenus de complots contre la sûreté générale de la République.

DE LA FORMATION DE LA LOI.

Art. 79. Le pouvoir exécutif, en conseil des ministres, présente les lois.

Art. 80. Le droit d'initiative pour la proposition des lois et décrets appartient également à chaque représentant.

DU POUVOIR EXÉCUTIF.

Art. 88. Le pouvoir exécutif est délégué par le peuple français à un seul, *qui a le nom de président de la République française* (1).

Art. 89. Le président de la République française est nommé par le peuple entier, selon les mêmes formes que les représentants du peuple et comme eux à la simple majorité relative.

Art. 90. Nul ne pourra être élu président s'il n'est âgé d'au moins quarante ans.

Art. 91. Le président de la République est nommé pour trois ans.

Il reçoit un traitement annuel de 500,000 francs.

Art. 92. Il est chargé de l'exécution des lois et de la direction et surveillance de l'administration générale tant à l'intérieur qu'à l'extérieur de la République.

Art. 93. Il nomme les ministres égaux, en nombre et correspondant aux sections de l'Assemblée nationale. Ils doivent tous être choisis parmi les représentants du peuple.

Il a le droit de les révoquer.

(1) Nous penchons en faveur d'une commission exécutive de trois ou de cinq membres. Il ne faut en aucun cas rappeler, dans le régime républicain, ce qui tient de près ou de loin à la monarchie. Il ne faut pas non plus éveiller l'ambition des citoyens et les solliciter en quelque sorte à des idées de tyrannie par une concentration dangereuse du pouvoir. A la vérité Lamennais ajoute, comme correctif, que le président n'est pas immédiatement rééligible ; mais cette prohibition ne porterait-elle pas plus sûrement à un coup de main celui qui se serait élevé très-haut dans la faveur populaire?

Art. 98. Le président de la République a le droit de commutation et de grâce, excepté en cas de mise en accusation pour attentats à la sûreté de l'Etat et pour prévarications des fonctionnaires publics.

Art. 99. Les lettres de grâce, avant de sortir leur effet, doivent être enregistrées, après examen, à la cour suprême.

Art. 100. Il ne peut avoir de commandement militaire pendant la durée de ses fonctions.

Art. 101. En cas d'hostilités imminentes ou commencées, de menaces ou de préparatifs de guerre contre la République, le président est tenu de prendre les mesures nécessaires en ces circonstances, à la charge d'en prévenir sans délai l'Assemblée nationale.

Art. 102. Le président réside au siége du gouvernement et ne peut sortir du territoire de la République sans autorisation de l'assemblée nationale.

Art. 103. Dans le cas où passagèrement il serait hors d'état de remplir ses fonctions, l'Assemblée nationale nomme d'urgence des ministres pour le remplacer.

Art. 104. Le président ne peut être réélu qu'après l'intervalle d'une session au moins.

Art. 107. Toutes les questions de haute administration et de gouvernement, concernant le pouvoir exécutif à l'intérieur, sont discutées avec le président par les ministres réunis en conseil.

Art. 108. Le gouvernement entretient les relations politiques au dehors, conduit les négociations, fait les stipulations préliminaires, signe, fait signer et conclut tous les traités de paix et d'aillance, de trève, de neutralité, de commerce et de conventions.

Art. 109. Les déclarations de guerre et les traités de paix, d'alliance et de commerce sont soumis à l'assemblée nationale, discutés, décrétés et promulgués comme les lois.

Art. 110. Tous autres traités sont simplement soumis à la ratification de l'assemblée nationale.

Art. 111. Les articles secrets que contiendraient les traités sont, comme les déclarations de guerre, discutés par l'assemblée nationale formée en comité secret.

Art. 112. Une loi spéciale rendue pendant la durée de la première session déterminera les cas de responsabilité du président de la République et des ministres et autres fonctionnaires publics, et les peines y applicables.

Art. 113. Le président, en cas de forfaiture, sera mis en accusation par l'assemblée nationale.

Il sera jugé par la haute cour de justice.

L'assemblée nationale nommera des commissaires pour soutenir l'accusation.

Art. 114. Pendant le jugement, l'assemblée nationale pourvoira à son remplacement provisoire.

Art. 115. Les ministres seront jugés de la même manière.

DES RELATIONS DU POUVOIR EXÉCUTIF AVEC L'ASSEMBLÉE NATIONALE.

Art. 116. Le président de la République réside auprès de l'assemblée nationale. Il a l'entrée et une place séparée dans le lieu de ses séances.

Art. 117. Il est, sur sa demande, toujours entendu.

Art. 118. L'assemblée nationale l'appelle dans son sein lorsqu'elle le juge convenable.

Art. 119. Il présente chaque année, par écrit, à l'assemblée nationale un exposé de l'état général des affaires générales de la République.

DES CONTIBUTIONS PUBLIQUES.

Art. 162. L'impôt est progressif.

Art. 163. Il est voté chaque année par l'assemblée nationale.

Art. 166. Chaque année le ministre des finances présente à l'assemblée nationale le budget des recettes et dépenses.

Aucune dépense excédant le budget ne peut être faite sans autorisation préalable de cette assemblée.

PROJET DE CONSTITUTION

Républicaine.

AU NOM DU PEUPLE FRAVÇAIS.

PRINCIPES.

Art. 1ᵉʳ. La base de la constitution française est la souveraineté populaire et le suffrage universel.

Art. 2. La république est irrévocablement proclamée. Elle est essentiellement démocratique,

Art. 3. Elle a pour symbole sacré le triple dogme : Liberté, égalité, fraternité.

Ce symbole n'est plus une vaine formule; il doit passer dans les institutions et dans les lois.

Art. 4. Il n'y aura plus en France de distinction de classes et de rangs. Tous les Français sont citoyens, égaux et frères (1).

Art. 5. Tout homme né et domicilié en France, ou né à l'étranger d'un Français et remplissant la condition du domicile;

Tout étranger qui domicilié en France depuis cinq années y a acquis des biens ou y vit de son travail, ou épouse une Française, est citoyen français.

DROIT DES CITOYENS.

Art. 6. La république française garantit à tous les citoyens :

L'éducation commune et gratuite à tous les degrés,

L'existence par le travail,

----

(1) Quelque temps encore les divisions de classes, les appellations d'aristocrates, de bourgeois, de prolétaires, subsisteront ; le bon sens public finira par faire justice de ces mots qui ne tendent qu'à semer la discorde entre les citoyens.

La liberté , l'égalité, la sûreté ,
Le respect de la personne et de la propriété ,
Les secours aux infirmes, aux enfants et aux vieillards·

Art. 7. Les citoyens ont le droit d'association, de réunion , de discussion.

Ils ont aussi le droit de manifester leurs opinions soit par le voie de la presse , soit autrement.

Art 8. L'exercice de ces divers droits n'est subordonné qu'aux exigences de l'ordre social et aux lois de police.

Néanmoins le gouvernement pourrait poursuivre et dissoudre les associations qui auraient pour base des réglements secrets imposant des devoirs contraires à ceux qu'avouent la morale et la loi, celles qui s'arrogeraient un pouvoir occulte et tendraient à former un état dans l'état (1). Aucune association ne pourra s'assembler en armes.

Art. 9. Le domicile est inviolable. La liberté individuelle est assurée sauf les cas et les formes déterminés par les lois.

Art. 10. Chacun jouit au même degré de la liberté de conscience.

Tous les cultes sont également protégés pourvu qu'ils ne soient contraires ni à la morale ni à l'ordre public. L'indépendance des cultes et de l'état est proclamée. Chacun salarie les ministres de son culte.

Toutefois la nécessité d'un régime transitoire est reconnue (2).

Art. 11. Le droit de propriété est maintenu sauf les modifications qui y seront appliquées et qui devront tendre à diminuer le superflu dans les mains du petit nombre, et à appeler progressivement le plus grand nombre à l'acquisition du nécessaire par un système d'impôt plus équitablement réparti (3).

---

(1) Ainsi les associations religieuses sont permises comme les autres , mais il en sera autrement de la société des Jésuites proscrite par la majorité des gouvernements.

(2) Sans cette précaution , les membres du clergé inférieur se ressentiraient cruellement d'un changement si brusque. La justice veut qu'en tout il y ait des préparations et des moyens transitoires.

(3) Nous développerons nos idées sur ce point dans la suite de cet ouvrage.

FORMES DU GOUVERNEMENT.

Art. 12. La souveraineté populaire réside dans l'assemblée nationale qui nomme le pouvoir exécutif et peut le révoquer.

Art. 13. L'assemblée nationale est nommée par tous les citoyens âgés de vingt-et-un ans.

Art. 14. Tout citoyen âgé de vingt-cinq ans est éligible.

Art. 15. Le vote des représentants a lieu par départements et au scrutin de liste.

Art. 16. La population est la base du nombre des représentants par chaque département.

Art. 17. Chaque électeur vote dans la commune où il réside depuis six mois. Son bulletin doit-être écrit (1).

Art. 18. La nomination des représentants a lieu à la majorité relative. Toutefois, nul ne sera élu s'il ne réunit au moins trois mille voix.

Art. 19. Tout représentant fonctionnaire public sera tenu d'opter entre sa place et les fonctions de représentant. Il ne suffirait pas qu'il déclarât renoncer à l'un où à l'autre des traitements.

Art. 20. Chaque représentant reçoit une indemnité de 20 fr. par jour. Nul ne peut la refuser.

Art. 21. L'assemblée nationale vérifie le pouvoir de ses membres. En cas de démission ou de nullité de l'élection il y a lieu à un nouvel appel aux électeurs dans le mois qui suit la démission ou l'annulation (2).

Art. 22. Une loi ultérieure règlera les formes de l'élection et la manière d'y procéder (3).

Art. 23. Les séances de l'assemblée nationale sont publiques ; elle ne peut se former en comité secret que si la majorité de l'assemblée y consent sur la proposition de vingt

(1) Ainsi on ne pourra voter sur listes imprimées ; en votant par écrit on réfléchit plus mûrement sur ses choix.

(2) Déjà l'assemblée nationale a admis ce principe lors de l'annulation de l'élection du citoyen Smith.

(3) Ainsi que nous l'avons dit à propos de la constitution proposée par Lamennais, il ne faut indiquer ici que les principes.

membres, sauf les cas qui pourraient être spécifiés par les lois (1),

Art. 24. Elle ne peut délibérer que si la moitié de ses membres sont présents.

Art. 25. L'assemblée est inviolable. Nul ne peut y pénétrer en armes. Les représentants ne peuvent être poursuivis, arrêtés ni jugés pour ce qu'ils auront dit dans l'exercice de leurs fonctions.

Art. 26. Ils ne peuvent être arrêtés et jugés pour crimes et délits sans que l'assemblée nationale l'ait ordonné, si ce n'est dans l'intervalle des sessions.

Art. 27. La garde nationale est exclusivement chargée de veiller à la sûreté et à la liberté de l'assemblée, qui est placée sous la sauvegarde du peuple.

Art. 28. Le pouvoir exécutif appartient à une commission composée de trois (ou de cinq) membres, pris dans le sein de l'assemblée nationale (2).

Art. 29. Cette commission sera élue par l'assemblée, à la majorité absolue. Elle sera réélue tous les trois ans; ses membres sont rééligibles.

Art. 30. Après cette nomination, les membres de la commission exécutive cesseront de faire partie de l'assemblée en qualité de représentants. Ils n'y assisteront que comme investis du pouvoir exécutif et n'y auront pas voix délibérative. Les départements qui les auront nommés procéderont à de nouvelles élections.

Art. 31. La commission exécutive nomme les ministres, choisis aussi parmi les représentants du peuple.

Art. 32. Le pouvoir exécutif conclut tous les traités de paix, d'alliance et de commerce avec les autres nations, il nomme aux emplois non électifs de l'administration ; toutefois les traités dont il vient d'être parlé ne seront définitifs qu'après un vote favorable de l'assemblée nationale. Les déclarations de guerre seront délibérées et votées en comité secret.

(1) Sous la charte de 1814 et celle de 1830, la chambre des députés pouvait se former en comité secret sur la demande de cinq membres. (Art. 38.)

(2) Nous avons dit pourquoi nous n'adoptons pas la nomination d'un président ; un président nous paraît dangereux pour la cause démocratique.

Art. 33. La commission exécutive et les ministres sont responsables. Une loi spéciale déterminera les cas de responsabilité et la forme de procéder.

ORDRE JUDICIAIRE.

Art. 34. Toute justice émane du peuple.

Art. 35. La justice de paix est maintenue et ses attributions seront élargies. Il en est de même de la justice commerciale, dont la composition sera laissée à l'élection.

Art. 36. Les cours et tribunaux ordinaires sont conservés.

Art. 37. Le pouvoir exécutif nomme les juges et les conseillers. Toutefois, si une pétition, signée au moins de trois mille citoyens domiciliés dans le ressort, est adressée au président de l'assemblée nationale contre les nominations, l'assemblée se constituera en comité secret et décidera, après avoir recueilli les renseignements de part et d'autre, et avoir appelé le juge à s'expliquer sur les faits qui lui sont imputés, si la nomination doit être annulée ou maintenue (1).

Art. 38. Les juges et les conseillers sont nommés à vie; mais sur une pétition suivie de trois mille signatures de citoyens du ressort, il y aura lieu à une délibération secrète de l'assemblée nationale, qui révoquera ou maintiendra.

Quand une pétition aura été rejetée, la demande de révocation ne sera admise que pour faits nouveaux ou inconnus lors de la première délibération.

Art. 39. Les magistrats du parquet sont nommés par le

(1) Donner l'élection directe à tous les citoyens, serait les exposer à faire de mauvais choix. Comment seraient-ils aptes à juger des connaissances spéciales requises pour un magistrat? En leur laissant le droit de pétition et en confiant la décision aux représentants qu'ils ont nommés, c'est, il me semble, concilier tous les intérêts. Nous aurions voulu laisser les choix au suffrage de tous, mais les inconvénients sont graves. Quel terme mettre à la réélection? quel est l'homme d'un peu de valeur qui accepterait une fonction aussi précaire, en admettant par exemple le laps de trois ans fixé par Lamennais? Il ne peut y avoir d'abus sérieux avec le mode que nous proposons. Partout ailleurs notre constitution est plus démocratique que celle du célèbre philosophe. Remarquons que le pouvoir judiciaire demeurerait indépendant du pouvoir exécutif qui ne pourrait pas le révoquer, et quant au droit de pétition des citoyens, il suffirait pour inciter le juge à toujours bien faire. Celui-ci a dans la sagesse de l'assemblée nationale une garantie rassurante.

pouvoir exécutif, sans aucun contrôle. Ils sont révocables de même.

Art. 40. Il y aura au grand criminel un jury d'accusation et un jury du jugement.

Art. 41. Le jury sera interrogé par questions distinctes et séparées : 1° sur la matérialité du crime, 2° sur la culpabilité de son auteur.

Art. 42. Toute délibération contre l'accusé ne pourra être prise qu'avec les deux tiers des suffrages.

Art. 43. La peine de mort est abolie (1).

Art. 44. Le droit de grâce et de commutation de peine n'appartient qu'aux représentants du peuple, sur le rapport du ministre de la justice.

Art. 45. La cour de cassation est maintenue avec ses attributions.

Art. 46. La justice est gratuite pour le pauvre. Une loi spéciale réglera l'application de ce principe.

ENSEIGNEMENT ET ÉDUCATION.

Art. 47. Nul n'a le droit d'enseigner qu'en se conformant aux conditions qui seront déterminées par les lois.

Art. 48. L'éducation est commune, égalitaire et gratuite pour tous les citoyens.

Art. 49. Aucun citoyen ne pourra subir les examens indispensables à l'acquisition des divers grades nécessaires pour certaines fonctions, qu'après avoir suivi assiduement pendant trois ans au moins les cours des écoles nationales.

Art. 50. Les citoyens qui, âgés de moins de quinze ans le jour où sera votée la loi sur l'éducation, n'auront pas voulu recevoir l'instruction primaire, seront privés à leur majorité des droits civiques.

---

(1) Selon nous, la vie humaine est inviolable, et quelles que soient les raisons que l'on fait valoir en matière criminelle, nous ne pouvons reculer devant un principe.

CONTRIBUTIONS PUBLIQUES.

Art. 51. L'impôt est progressif. Il épargne le nécessaire pour ne frapper que le superflu. L'assiette de l'impôt sera ultérieurement fixée.

Art. 52. L'impôt est voté chaque année par l'assemblée nationale.

RÉVISION ET DISPOSITIONS TRANSITOIRES.

Art. 53. La présente constitution ne pourra être révisée par les assemblées subséquentes, qu'à la majorité des deux tiers des suffrages.

Art. 54. Toutes constitutions antérieures sont et demeurent abrogées.

ANDRÉ PEZZANI.

Le 6 mai 1848.

Cette constitution nous paraît plus démocratique que celle de Lamennais.

Nous voulons des modifications profondes aux charges de la propriété et aux impôts.

Nous voulons la souvraineté du peuple déléguée à l'Assemblée nationale, et nous n'admettons que ce seul pouvoir.

Point de président, point de commission exécutive indépendante de l'Assemblée. Comme il n'y a qu'un seul souverain, le peuple, il ne doit, selon nous y avoir qu'un seul pouvoir, celui de l'Assemblée.

Nous voulons enfin une éducation égalitaire, en un mot nous voulons une République démocratique et non pas une restauration déguisée d'un passé à jamais évanoui. La cause du peuple est impérissable, et par peuple j'entends tous les citoyens sans aucune exception.